Inhalt

Moderne Kommissionierungstechniken

Kernthesen

Beitrag

Fallbeispiele

Weiterführende Literatur

Impressum

GENIOS WirtschaftsWissen Nr. 07/2004 vom 05.07.2004

Moderne Kommissionierungstech

I.Zeilhofer-Ficker

Kernthesen

- Mit modernen Kommissioniertechniken wie Pick-by-Light oder Pick-by-Voice können enorme Produktivitätssteigerungen erreicht werden.
- Als Hauptvorteil von Pick-by-Light und Pick-by-Voice gilt allerdings die dadurch erreichbare signifikante Reduktion der Fehlerquote.
- Vor allem der Einsatz von Sprachtechnologie für die Kommissionierung erfreut sich bei Lagerbetreibern in ganz Europa wachsender Beliebtheit.

Beitrag

Kommissionierung - Schlüsselfunktion für die Auftragsbearbeitung

Für die interne Logistik eines Unternehmens - auch Intralogistik - ist das Kommissionieren, also das Zuordnen einer Ware zu einem Auftrag, einer der bedeutendsten Prozesse. Je schneller kommissioniert werden kann, desto schneller ist die Ware beim Kunden. Aber nicht nur die Auftragsbearbeitungszeit, auch die Reklamationsquote eines Unternehmens wird wesentlich durch das Picken beeinflusst. Denn eine Vielzahl von fehlerhaften oder unvollständigen Lieferungen ist direkt auf Fehler bei der Kommissionierung zurückzuführen. (1)

Beim klassischen Kommissionieren, auch "Picken" genannt, geht der Lagerarbeiter mit einer Pickliste auf Papier die einzelnen Lagerplätze ab, entnimmt die benötigten Auftragspositionen und quittiert den Prozess direkt auf der Liste. Der Griff in den falschen Lagerbehälter bleibt oft unentdeckt, bis der Empfänger die falsch gelieferte Ware reklamiert. Neben der großen Fehleranfälligkeit sind als weitere gravierende Nachteile dieses "Mann-zu-Ware-Prinzips" die hohe Personalintensität sowie die langen Wege zu nennen. (1)

Seit 1973 der Barcode implementiert wurde, sind vor allem bei großen Lager- und Logistikzentren neue Techniken und Prozesse entstanden, die das Kommissionieren wesentlich produktiver und effizienter gestalten. Ohne Automatisierung geht es in den großen Logistikzentren mit hoher Auftragsdichte kaum noch. So wird oft für Artikel mit großer Umschlagshäufigkeit das "Ware-zum-Mann-Prinzip" umgesetzt. Das heißt, die zu verpackenden Produkte gelangen über Förderbänder, Regalbediengeräte oder Kommissioniersysteme direkt zum Lagerarbeiter zur weiteren Bearbeitung. (1), (2), (7)

Doch auch die Mann-zur-Ware-Kommissionierung hat mithilfe des Barcodes und der modernen Funktechnik eine wesentliche Produktivitätssteigerung erfahren. Der Kommissionierer erhält die Auftragsdaten über das Lagerverwaltungs- oder Warenwirtschaftssystem auf ein Datenfunkterminal übertragen. Dieses tragbare Kleingerät zeigt über ein Display, welcher Artikel in welcher Menge gepickt werden muss. Durch scannen des Barcode-Etiketts am Lagerort bestätigt der Arbeiter den Kommissioniervorgang. (3)

Moderne Lager- und Kommissioniersysteme ermitteln für jeden Auftrag den optimalen, also kürzesten Weg, den der Kommissionierer zurückzulegen hat. Die angezeigte Reihenfolge der Auftragspositionen sowie evtl. die Anzeige der Gehrichtung leitet den Arbeiter von Artikel zu Artikel. (5)

Moderne Kommissioniersysteme

Pick-by-Light bzw. Pick-to-Light

Als Werkzeug zur weiteren Reduktion von Fehlentnahmen haben sich Pick-by-Light- bzw. Pick-to-Light-Systeme etabliert. Jedes Lagerfach ist mit einem Display ausgestattet, das durch ein Signal aktiviert wird, wenn Ware aus dem Fach entnommen werden soll. Der Kommissionierer wird durch farbige Anzeigen von Entnahmefach zu Entnahmefach geleitet. Das Farbdisplay am Lagerbehälter - das Pick Face - zeigt an, welche Menge entnommen werden muss. Durch drücken der Bestätigungstaste direkt am Pick Face wird die Entnahme bestätigt und die entsprechenden Daten an das Warenwirtschaftssystem übermittelt. (4)

Preisgünstiger aber auch nicht ganz so fehlersicher sind sogenannte Multi-Light-Systeme, das heißt die Anzeigen für mehrere Lagerfächer werden auf nur einem Display zusammengefasst. (4)

Kommissionieren mehrere Lagerarbeiter gleichzeitig im selben Lagerbereich, so können an einem Lagerbehälter mehrere Displays mit unterschiedlichen Farbanzeigen eingesetzt werden. Jede Farbe ist dabei einem Arbeiter bzw. einem Auftrag zugeordnet. (5)

Pick-to-Light-Systeme werden nicht nur als festverkabelte Anlagen sondern auch auf der Basis von Funksteuerung angeboten. Der Vorteil der Funklösung ist ein geringerer Installationsaufwand, da diese Pick-to-Light-Module auf ganz normalen Rollenregalen angebracht werden können. (6)

Hochautomatisierte Kommissionierungssysteme können mit Pick-by-Light kombiniert und somit auch für das "Ware-zum-Mann-Prinzip" genutzt werden. (7)

Pick-by-voice

Seit ca. einem Jahr ist mit Pick-by-Voice der neueste Kommissionier-Trend auf dem europäischen Markt erhältlich. Dieses sprachgesteuerte Picken baut auf Datenfunk und Spracherkennung sowie Sprachwiedergabe auf. Die Daten über eine Auftragsposition werden in Sprachsignale umgewandelt und der Kommissionierer erhält über seinen Kopfhörer Anweisungen, zu welchem Regal und Lagerplatz er gehen soll. Ist er an Ort und Stelle angelangt, quittiert er über ein Bestätigungswort. Nun sagt ihm das Endgerät, welche Menge aus welchem Fach entnommen werden soll, was wiederum im Sprachdialog bestätigt wird. (9), (10), (11), (12)

Bei den ersten verfügbaren Pick-by-Voice-Systemen befand sich das Sprachmodul in einem Sprachserver, der die Umwandlung von Sprache in Daten und umgekehrt vornahm. Das mobile Endgerät (MDE), ein Kleincomputer mit Kopfhörer und Mikrofon, hat die Sprachsignale empfangen und als gesprochene Anweisungen an den Lagerarbeiter weitergegeben. Diese "Thin-Client-Technik" führte oft zu Problemen mit der Übertragung der Sprachsignale. (8)

Bei den neueren "Fat-Client-Systemen" ist die Spracherkennung und Sprachwiedergabe sowie die Anwendungssoftware in die Endgeräte, meist PDAs (Personal Digital Assistant), integriert. Die

Datenübertragung vom Hostsystem erfolgt durch etablierte Datenfunkmethoden. Da Fat-Client-Geräte die Daten für einen kompletten Auftrag speichern können, ist es möglich, damit im auch Offline-Betrieb zu arbeiten, z. B. in nicht funktechnisch erfassten Lagerbereichen. (8), (10)

Vorteile von Pick-by-Light und Pick-by-Voice

Jede Falschlieferung kostet viel Geld. Daher sind alle Unternehmen an möglichst niedrigen Fehlerquoten sehr interessiert. Bei den konventionellen Kommissioniermethoden werden im Durchschnitt Fehlerraten von ca. 0,5 erreicht, d. h. 99,5 Prozent aller Kommissionierungen verlaufen entsprechend der Aufträge. Dieser Wert kann durch Pick-by-Light auf 0,1, durch Pick-by-voice sogar bis auf 0,05 gesenkt werden. Die Reduzierung von Kommissionierungsfehlern wird von Lagerbetreibern immer wieder als Hauptgrund genannt, warum in Pick-by-Light oder Pick-by-Voice investiert wird. (1), (7), (9)

Aber auch die zu erzielenden Effizienzgewinne sprechen für die neuen Methoden: bis zu 70 Prozent höhere Pickraten können dadurch erzielt werden.

Denn der Arbeiter hat für das Kommissionieren beide Hände frei - kein Scanner muss bedient, kein Etikett verklebt werden. Dieser Vorteil zeigt sich vor allem beim Handling von Tiefkühlware, da hier die Kommissionierer mit ihren dicken Handschuhen kaum in der Lage sind, Kleinsttastaturen zu betätigen oder Etiketten abzuziehen. (4), (9), (11)

Die Tatsache, dass durch die modernen Funktechniken keine umfangreiche Hardwareinstallation und Verkabelung erforderlich ist, macht das Pick-by-Voice-System nicht nur wesentlich flexibler als stationäre Pick-by-Light-Anlagen, sondern auch billiger. Zudem sind Änderungen der Lagerinfrastruktur problemlos zu bewältigen. (12)

Die hohe Akzeptanz von Pick-by-Voice beim Personal spricht ebenfalls für den Einsatz. Die Sprachtechnik ist mittlerweile so weit fortgeschritten, dass sowohl Dialekte erkannt als auch Anweisungen und Rückmeldungen komplett in einer fremden Sprache gegeben werden können. (9), (10), (12)

Pick-by-Light weist dagegen in Verbindung mit hochautomatisierten Kommissionierungsanlagen über Vorteile auf. In großen Logistikzentren werden deshalb nicht selten Kombinationen von Pick-by-Light und Pick-by-Voice mit großem Erfolg eingesetzt. (1), (12), (13), (15)

Fallbeispiele

Im Zentrallager der Drogeriemarkt-Kette Rossmann in Landsberg werden mithilfe einer Pick-by-Light-Anlage der Firma Knapp Systemintegration Kleinteile, Langsamdreher und Anbrüche gepickt. Insgesamt werden in dem Rossmann-Zentrallager über 100 000 Picks pro Tag durchgeführt. (4)

Auch der Schweizer Bäckereigroßhändler Pistor verlässt sich bei der Kommissionierung auf Pick-to-Light. Die Firma Salomon Automation GmbH lieferte die gesamte Lagertechnik dafür. (16)

Im Logistikzentrum von ATU in Werl werden 40 000 verschiedene Artikel, alles Autozubehörteile wie Reifen oder Zündkerzen, vorgehalten. Die Kommisionierung erfolgt mithilfe verschiedner Pick-to-Light-Systeme. (5)

Im Daimler-Chrysler Werk in Sindelfingen verlässt man sich auf Farbdisplays der Pick-to-Light-Module der New-Tec GmbH. Die funkgesteuerte Anlage unterstützt die Kommissionierung der Bordliteratur und Beschilderung vor der Neuwagen-Auslieferung. (6)

Bei der Einzelhandelskette Globus setzt man dagegen voll und ganz auf Pick-by-Voice. Durch den Einsatz der von der IND Mobile Datensysteme GmbH gelieferten rund 100 sprachgesteuerten Kommissionierungsterminals konnte die Fehlerquote im Versand des Logistikzentrums in Bingen um rund 70 Prozent gesenkt werden. Das System beruht auf der Voice-Technologie von Vocollect, dem weltweiten Marktführer für sprachbasierte Kommissionierung. (9), (11), (12)

Seit die Bells Stores Ltd., UK, per Sprachanweisungen kommissioniert, konnte der Durchlauf im Lager um 21 Prozent erhöht werden bei gleichzeitiger Personalreduzierung um 27 Prozent. Auch die Fehlerquote ist verschwindend gering: die jüngste Quartalsinventur ergab nur eine Differenz von 76 Euro - nach der Bearbeitung von über 68 000 Aufträgen. (17)

Bei dem deutschen Dentalfachhändler Vita Zahnfabrik ist das Lagerführungssystem LFS 400 von Ehrhardt + Partner in Kombination mit den Vocollect-Talkman-Terminals im Einsatz. 14 Mitarbeiter kommissionieren bei Vita sprachgesteuert und konnten dadurch Effizienzsteigerungen von über 40 Prozent erreichen. (18)

Lekkerland-Tobaccoland hat für ihre vielfältigen Produkte eine Kommissionierstrategie entwickelt, die Pick-by-Light- und Pick-by-Voice-Systeme kombiniert. Drei der insgesamt 21 Logistikzentren sind bereits entsprechend ausgerüstet, 2004 sollen weitere sieben Standorte nachziehen, 2005 folgen nochmals fünf Zentren. Lekkerland-Tobaccoland hat sich für diese Investition von immerhin 3,5 Millionen Euro entschieden, da in den mit den neuen Kommissioniertechniken ausgestatteten Lagern Produktivitätsgewinne von über 20 Prozent bei einer gleichzeitigen Reduzierung von Packfehlern um rund 30 Prozent erreicht werden konnte. Für die neuen Systeme spricht ebenfalls die extrem hohe Akzeptanz der Mitarbeiter. (13), (15)

Weiterführende Literatur

(1) FM-Trendumfrage Kommissioniertechnik bei internationalen Anbietern Auf das Picken kommt es an
aus FM Fracht + Materialfluß, Heft 3, 2004, S. 16

(2) Reiferer Jahrgang - Kommissionierung
aus LOGISTIK HEUTE, Heft 3/2004, S. 28

(3) Drahtlos den Warenfluss im Griff Modellbauer setzt auf Datenfunk bei der Kommissionierung
aus INDUSTRIE SERVICE, Heft 5, 2004, S. 42

(4) Alles im Fluss
aus Maschinenmarkt Logistik Nr. 01 vom 13.02.2004

(5) O. V., Reifen und Felgen in der Boxengasse, DVZ, Nr. 013, 03.02.204
aus Maschinenmarkt Logistik Nr. 01 vom 13.02.2004

(6) Funkgesteuerte Lagertechnik „Griff zum Licht" vermeidet Kommissionierfehler
aus BUM BETRIEB & meister, Heft 4, 2004, S. 40

(7) Picken im Zeitalter von Dynamik und Ergonomie - Kommissionierung
aus LOGISTIK HEUTE, Heft 5/2004, S. 14-16

(8) Hille, Armin, Hier spricht der Kommissionierer, DVZ, Nr. 019, 17.02.2004
aus LOGISTIK HEUTE, Heft 5/2004, S. 14-16

(9) High-tech im Lager für den Handel mit sprachgesteuerter Kommissionierung und Datenfunk Kommissionierer hören auf 's Wort
aus FM Fracht + Materialfluß, Heft 3, 2004, S. 40

(10) Mit Sprache schneller ans Ziel
aus F+H, Fördern und Heben, Heft 3, 2004, S. 124

(11) Pick-by-Voice - High-Tech im Lager
aus Retail & Technology, Heft 1/2004, S. 44-47

(12) "Wir heißen unsere Konkurrenten willkommen" - Branchenprimus
aus LOGISTIK HEUTE, Heft 4/2004, S. 18-20

(13) Kommissionierung in Top-Form
aus Lebensmittel Zeitung 20 vom 14.05.2004 Seite 060

(14) Jenseits von 800 Picks pro Stunde - MATERIALFLUSS befragt RFID-Spezialisten und Lagersystem-Hersteller zu den Innouationen
aus materialfluss, Heft 5/2004, S. 12-14

(15) "Eine komplett runde Sache". Innovationsmotor Kay Schiebur, Geschäftsbereichsleiter Logistik bei Lekkerland-Tobaccoland, über Organisation, Integration und Innovation beim Convenience-Großhändler.
aus LOGISTIK HEUTE, Heft 5/2004, S. 18-20

(16) Schweizer Großhandelsunternehmen Pistor erweitert automatisches Kleinteilelager Doppelte Leistung und Kapazität
aus FM Fracht + Materialfluß, Heft 4, 2004, S. 12

(17) Im Lager gilt das gesprochene Wort
aus Lebensmittel Zeitung 20 vom 14.05.2004 Seite 062

(18) Auf den Zahn gefühlt - Pick-by-Voice-Geräte lassen sich parallel über die bestehende Infrastruktur einsetzen
aus materialfluss, Heft 3/2004, S. 18-19

Impressum

Moderne Kommissionierungstechniken

Bibliografische Information der deutschen Nationalbibliothek

Die Deutsche Nationalbibliothek verzeichnet diese Publikation in der deutschen Nationalbibliografie; detaillierte bibliografische Daten sind im Internet über http://dnb.d-nb.de abrufbar.

ISBN: 978-3-7379-1036-1

© 2015 GBI-Genios Deutsche Wirtschaftsdatenbank GmbH, Freischützstraße 96, 81927 München, www.genios.de

Alle Rechte vorbehalten. Dieses Werk ist einschließlich aller seiner Teile – z.B. Texte, Tabellen und Grafiken - urheberrechtlich geschützt. Jede Verwertung außerhalb der Grenzen des Urheberrechtsgesetzes bedarf der vorherigen Zustimmung des Verlags. Dies gilt insbesondere auch für auszugsweise Nachdrucke, fotomechanische Vervielfältigungen (Fotokopie/Mikroskopie), Übersetzungen, Auswertungen durch Datenbanken oder ähnliche Einrichtungen und die Einspeicherung und Verarbeitung in elektronischen Systemen.